Zu diesem Buch

«Viele starren wie gebannt nur auf den anderen Menschen, sie sind zwanghaft darauf fixiert, als ob es nur hetero- oder homoerotische Liebe in ihrem Leben gäbe. Wenn ich von Liebe spreche, meine ich die Liebe zur und von der gesamten Natur. Wir bekommen täglich Liebe von der Sonne, von den Pflanzen, von den Tieren – viele sind seelisch stumpf gegenüber dieser Energie. Du wirst geliebt in einem Strom dieser Energie – wie kannst du da jemals einsam sein oder gar isoliert?»

Dipl.-Psych. Peter Lauster, 1940 in Stuttgart geboren, studierte Psychologie, Philosophie, Anthropologie und Kunstgeschichte. Seit 1971 leitet er die «Praxis für psychologische Diagnostik und Beratung». Er widmet sich seit seiner Jugendzeit auch der Malerei. In den Jahren '84 und '85 zeigten Galerien in Hamburg, Berlin, Bonn, Heidelberg und Wien seine Aquarelle. Seine Sachbücher erreichten bisher eine deutschsprachige Gesamtauflage von über 2 Millionen Exemplaren und erschienen in sechzehn Ländern.

Von Peter Lauster sind als rororo lieferbar:
«Begabungstests» (Nr. 6844)
«Lassen Sie der Seele Flügel wachsen» (Nr. 7361)
«Die Liebe» (Nr. 7677)
«Lebenskunst» (Nr. 7860)
«Wege zur Gelassenheit» (Nr. 7961)
«Die sieben Irrtümer der Männer» (Nr. 8499)

Peter Lauster

Liebesgefühle

Texte und Bilder

rororo

Rowohlt

Die Originalausgabe erschien 1986 im ECON Verlag GmbH
unter dem Titel «Über die Liebe. Gespräche,
Gedanken, Gefühle», zusammen mit einer Kassette.

51.–64. Tausend Juli 1990

Umschlagentwurf Klaus Detjen unter Verwendung
einer Zeichnung von Peter Lauster
Veröffentlicht im Rowohlt Taschenbuch Verlag GmbH,
Reinbek bei Hamburg, April 1988

Satz Garamond (Linotron 202)
Gesamtherstellung Clausen & Bosse, Leck
Printed in Germany
980-ISBN 3 499 18365 x

Inhalt

Vorwort

Die Aquarelle, Gedichte und Gespräche zum Thema Liebe, die sich gegenseitig ergänzen, entstanden unabhängig voneinander; die Gedichte im Sommer und Herbst 1984, die Aquarelle in den Jahren 1979 bis 1985, das Aquarell auf Seite 69 schon 1962. Die Poesie der Worte und optischen Zeichen geht ihre eigenen Wege. Worte und Bilder treffen sich mitunter und gehen wieder auseinander; die Zeichnungen sollen also die Gedichte nicht einfach nur illustrieren.

Es ging mir zwar um den persönlichen Ausdruck eigener Erfahrungen und Erkenntnisse, aber ich hoffe, ich kann meine Leser mitnehmen zu einem «Seelenflug» des Mitfühlens und Meditierens. Die Themen gehen vom Individuum aus, das zu sich selbst gelangt, sein Alleinsein annimmt, sich allen Eindrücken mit Aufmerksamkeit und Sensitivität öffnet, die anderen Menschen annimmt, Beziehungskonflikte erlebt, sich daraus löst, um wieder neu und frei aufzubrechen. Jeder kann so täglich offenere, jüngere Augen bekommen; der Körper mag faltig werden, aber Seele und Geist werden immer frischer und geschmeidiger.

Köln, im Herbst 1985

«Ich habe einen ganz entsetzlich großen Fonds an Liebeskraft in mir, und jedesmal, wenn ich auf die Straße trete, fange ich an, irgend etwas, irgend jemand liebzuhaben.»

Robert Walser

Liebe ist Selbstentfaltung

Gedichte und Aquarelle

Nahweh

Ich will bei mir sein,
niemand etwas recht machen,
meinen Stimmen lauschen,
den Blick schweifen lassen
und wach werden.

Jahrhundertfragen

Seit hundert und mehr Jahren
die gleichen Fragen.
Warum lebe ich?
Was ist Liebe?
Wer bin ich?
Wem gehört alles?
Was ist der Sinn?

Du lebst und atmest,
weil das dein Sinn ist.
Du liebst und leidest,
weil das das Leben ist.

Das alles gehört zu allem.
In allem bist du allein,
du gehörst niemandem.
Suche keinen Platz außer dir,
wo du bist,
ist die Antwort.

Sei authentisch

Du sprichst englisch
und auch deutsch,
ja, sogar ein bißchen schwäbisch.
Was du sagst
klingt jetzt katholisch,
dann wieder buddhistisch,
ein bißchen rilkisch,
manchmal östlich,
dann westlich,
auch christlich,
und sartrisch,
sogar satirisch.

Und wer bist du,
mein lieber Georg,
wann sprichst du
auch mal georgisch?

Begegnung

Ein Mensch tritt mir entgegen
ohne Nationalität,
keine Religion,
ohne Prinzipien,
ohne Dogmen,
keine Systeme,
ohne Ästhetik,
keine Familie;

er hat Zeit,
hört zu,
sucht nichts
und findet mich.

Freund

Deine Wahrheit, mein Freund,
ist nicht die meine.
Auch du, mein Freund,
meinst es gut mit mir
und bist der Psychologe
meiner schlechten Tage.

Ich aber denke mir,
wenn du mich liebst,
zerfällt deine Logik,
nichts reimt sich mehr
und stimmt trotzdem,
denn du fühlst Freude;
so können viele Wahrheiten
in die Dunkelheit hineinglühen.

Für dich und mich

Ich lebe für dich,
weil ich dich liebe
in diesem Augenblick
voll strahlender Nähe.

Ich lebe für mich,
weil ich mich liebe
in diesem Moment
geborgen in ruhender Distanz.

Schöpfung

Schöpfe aus dem Brunnen
deiner Seele,
bis das Wasser
frisch und klar wird.

Schütte deine Vergangenheit
in den Sand,
denn sie will verdunsten.
Atme den Wind,
frage niemand
und geh diesen Weg,
bis die Stirn kühl wird
und der Stein funkelt.

Laß mir die Widersprüche

Ordne mich nicht ein
in das Netz deiner Gedanken,
entlasse mich aus deinem Kopf,
damit ich gelöst
mein Lied singen kann
in dieser besonderen Schönheit
meiner natürlichen Wildheit.

Komplimente

Du sagst,
ich sei zu wild,
sehr unwissend,
bindungslos,
ohne Erwartungen,
ohne Ziel und Plan.

Du rufst,
ich sei zu gleichgültig,
sehr allein,
beziehungslos,
bedenkenlos,
ohne Streben,
ohne Kampf und Tat.

Ich bin so frei,
leer und offen
für deine Worte,
weil durch sie
mein Licht
aus deinen Augen strahlt.

Frühlingsgefühle

Die Forsythien blühen wieder,
Wind duftet hoch und weit,
bringt Regen, Föhn, Wiedersehen.

Deine Augen sprühen süßer.
Ich weiß, du bist bereit,
mit mir morgen nach gestern zu gehn.

Niemand sieht mich

Heute bin ich fern,
weit in Bergen und auf Wellen,
singe in der Muschel,
niste im letzten Storchennest.

Eine Liebe ist erwacht,
ein Glänzen, Streicheln,
das niemand je gesehen.
Neues Ohrenflimmern,
in dir schlägt mein Herz.

Heute bin ich fern,
verflogen in Morgentälern,
hinter ziehenden Nebelbänken
strandet meine Liebe,
strandet, brandet
im Rauch des Kartoffelfeuers.

Verschwende dich

Die Fülle ist in dir,
halte sie nie zurück,
sei nicht geizig
mit deiner Lebendigkeit,
denn egoistischer Geiz
ist der Weg in die Armut.

Schmetterling

Schimmernd und zitternd,
deine Flügel im Wind,
du Symbol meiner Seele,
fliege weit und hoch.

Flimmere silbern vorüber,
laß dich davonwehen,
weit und tief
in den duftenden Sommerabend.

Erfülle meine Sehnsucht,
verliere mich
und vergehe vor Glück.

Kontakt

Rufe herüber
zu mir,
wenn du etwas fühlst,
das du mir sagen willst.

Ich sehe dich,
höre aber auch
das Wispern des Schilfs
und halte
meine Hände in den Fluß.

Hochsommer

Die Luft voll Energie
ist meine Seele,
wie sie in dir lebt,
gleich einer Faser
im Gewebe des Blatts,
das den Tau umarmt.

Wer?

Wer hat uns aufgezogen?
Wo steht der Schöpfer?
Wer hat uns so geliebt,
daß wir uns geben können?

Der goldene Vogel in deiner Brust
singt mit dem Fluß.
Wer hat meine Saiten gespannt,
voll Wärme und Fülle?

Wer hat mir gesagt,
daß ich dich liebe?
Wo bin ich in dieser Nacht?
Du nimmst mich mit
für eine Stunde der Erfüllung
in großer Zärtlichkeit,
die nichts will
und alles hat.

'BIRNENGLÜCK',
sagte der Birnenzüchter.

Fenster

Du bist ein Fenster,
durch das die Sterne blinken,
dein Körper der weiße Rahmen;
meine Worte öffnen das Schloß,
und unsere Gefühle
schmelzen dein Glas.

Zeit

Jetzt, in diesem Augenblick
ohne Gedanken an Zukunft,
wird die Sekunde kürzer
in einem Flügelschlag,
während Sterne vom Himmel fallen
und du mich küßt,
löst sie sich auf
und kommt als Welle
auf den Meeren –
als Minute zurück.

Zärtlichkeit

Blüte im Abendwind,
umströmt vom Kieferndutft,
im Rhythmus der Strömung
einer träumenden Kindheit.

Die Liebe wird weit,
entfernt sich von Ideen,
fließt in das Wirkliche,
löst die Energie
vom Zweig der Jugend
und sinkt zurück
ins schwankende Schilf.

Beliebig

Die Liebe ist wild
wie ein flimmernder Falter,
der sich auf dieser Blüte entfaltet
und an jener vorbeischwebt.

Liebe ist beliebig,
sie tanzt im Wind,
schwankt auf den Wellen,
fließt mit der Strömung
und fällt mit dem Blatt.

Das Beliebige lieben,
um sich zu verlieben,
ohne Wenn und Aber,
ohne Ziel und Plan.

Liebe ist beliebig,
geschieht sie täglich neu
und läßt sich nicht
in romantischen Kammern
auf eine Nadel spießen.

Apfelblüte

Liebe ist Freiheit;
Entfaltung will nichts festhalten,
sie lacht über jede Angst.

Liebe ist Offenheit,
Verströmen deiner Energie,
will geben ohne Gedanken
wie die rosa Apfelblüte;
auch sie kann nicht konserviert werden.

Freiheit

Ich liebe dich sehr,
weil ich so frei bin;
ich gebe dir meine Seele,
weil sie mir nicht gehört.
Ich schenke sie dir
mit der Freude,
deine Gefühle zu berühren,
so wunderschön zart und sanft.
Ich lache mit dir,
und du darfst traurig sein,
mich nicht festhalten zu können.

Gelöstheit

Ich bin auch glücklich,
wenn du nicht da bist,
selbst wenn es draußen regnet.

Ich bin so glücklich,
wenn du mich liebst,
bin froh,
wenn du mich nicht brauchst,
um mir
das zu sagen.

Liebe mich jetzt besser nicht

Liebst du mich,
bin ich glücklich,
dann ist alles so einfach,
und wir bauen einen Zaun.

Liebst du mich nicht,
bin ich sehr unglücklich,
leide schwer,
denn du willst keinen Zaun.

Deshalb liebe mich heute noch nicht,
damit ich lieben lerne,
ohne Zäune zu bauen.

Liebeskummer

Wenn du liebst
und deine Liebe nicht
erwidert wird,
ist dein Herz vielleicht
traurig und matt,
weil du dich als Liebender
im Recht fühlst.

Ich aber sage dir,
du bist nicht im Recht.
Genieße deine Liebe,
freue dich an der Blume,
die sich selbst gehört,
und gib deine Gefühle als Geschenk.

Du verwirrst mich

Ich will dich treffen
und dann nicht hingehen,
will mit dir reden
und doch lieber schweigen,
will dich haben,
aber was dann?

Gib mir deine Hand,
damit ich sie loslassen kann.

Scheidung

Es kommt der Tag,
an dem du verschweigen willst,
daß du mich nicht mehr liebst.
Magische Flammen der Fremdheit
sind in dir erloschen,
alle Themen scheinen ausdiskutiert.

Aber ich bleibe ein Rätsel
mir selbst und anderen,
um ein herrliches Leben
neu zu beginnen,
von Stunde zu Stunde.

Erwachsen werden

Schönheit ist überall,
jetzt kann ich sie sehen,
hören, riechen und schmecken,
weil ich frei bin,
ohne Geborgenheit,
da du mich verlassen hast,
du und auch die anderen.

Jetzt bin ich ganz bei mir,
bin eins geworden
in der Unsicherheit
meiner Losgelöstheit.
Will so weiterleben,
ohne Rat und Lob
nach dieser neuen Pubertät,
in der ich mich
in die Welt verliebe.

Stufen der Liebe

I

Zuerst liebst du die Blume,
mein Junge,
dann verwirrt dich die Sexualität,
dann willst du beides besitzen
und erschrickst,
wenn es in zwei Richtungen verfliegt.

II

Jetzt wirst du älter
und liebst voll wilder Sexualität,
ohne besitzen zu wollen,
weder den Rosenduft
noch die sexuelle Euphorie.

Das alles gehört dir nicht,
es weht durch dich hindurch,
weil du frei wirst,
zu geben und zu nehmen,
ohne Ansprüche zu erheben.

Aufbruch

Eingesponnen in wilde Rosen
schläfst du «sicher»,
wenn es niemand sieht.
Keiner weiß, was du fühlst,
erkennt deinen Schmerz;
du verbirgst sogar die Freude.

Warte nicht auf den weißen Prinzen,
der dich auf den Mund küßt.
Steh auf,
rieche den Duft der Rosen,
trete in den Morgen,
in die Freiheit des Unbekannten.
Du bist selbst der Prinz,
schlafendes Dornröschen.

Auch die Prinzen schlafen
in der Sicherheit
ihrer Verschlossenheit.

Wiese

Grüne Wiese,
ich liebe dich sehr;
der Sommer macht dich so stark
und nützlich.

Ich genieße deinen Duft
und schlafe glücklich ein.
In deinem Heu
ruht im Winter mein Wein.

Wenn ich tot bin,
bedeckst du mich.
Ich brauche deinen Duft
und im Winter dein Heu
für meine Freunde.

Abschied

Wir gehen weiter,
lassen alles Alte los,
das Neue wird zum Zauber,
im Getöse wird es still,
Chaos ist schön und zart,
Liebe kein Geheimnis mehr.

Wir gehen weg
ohne Abschied und Gruß,
entfalten in der Ferne
jeder für sich
ein Zeichen der Liebe
und Stille für alle.

Gespräche und Gedanken über die Liebe

«Wir Wanderer sind darin geübt, Liebeswünsche gerade um ihrer Unerfüllbarkeit willen zu hegen und jene Liebe, welche eigentlich dem Weib gehörte, spielend zu verteilen an Dorf und Berg, See und Schlucht, an die Kinder am Weg, den Bettler an der Brücke, das Rind auf der Weide, den Vogel, den Schmetterling. Wir lösen die Liebe vom Gegenstand, die Liebe selbst ist uns genug, ebenso wie wir im Wandern nicht das Ziel suchen, sondern nur den Genuß des Wanderns selbst, das Unterwegssein.»

Hermann Hesse

Warum betonst du das Alleinsein und die Selbstfindung? Ist der Mensch denn nicht in erster Linie ein soziales Wesen, das Kontakt sucht und braucht?

Die meisten Menschen vermeiden es, wenn irgend möglich, intensiv bei sich selbst zu sein. Sie suchen sooft wie möglich die Gesellschaft anderer und glauben, sich durch Kontakte und Gespräche selbst finden zu können. Geselligkeit wird jedoch zum Problem, wenn sie eine *Flucht* vor meinem Selbst ist, wenn ich es mit mir nicht aushalte oder gar Angst erleide, sobald ich alleine bin.

Alleinsein, das ich meine, ist weder Einsamkeit noch schmerzende Isolation, wenn ich auf «Nahweh» lausche, das sich aus der Tiefe der Seele heraus immer wieder bemerkbar macht. Es ist beglückend, bei mir zu sein, denn ich kann dann meinen Stimmen lauschen, den Blick nach innen schweifen lassen und von innen heraus wach werden. In mir selbst sind die Schätze verborgen, die ich draußen bei anderen so vergeblich suche. Keiner kann mir den Sinn *meines* Lebens vermitteln, nicht der Ehepartner, kein Geliebter, keine Geliebte, kein Philosoph, nicht der Psychologe und nicht der Künstler. Es ist wichtig, allmählich zu unterscheiden zwischen den fremden Stimmen in mir und meiner eigenen. Diese aufmerksame Wachheit ist ein Weg zur Selbsterkenntnis.

Du schreibst in dem Gedicht ‹Jahrhundertfragen›, wo ich sei, würde ich die Antwort finden. Ich suche in mir, aber ich finde nicht die Antwort für den Sinn meines Lebens.

Ich sage in diesem Gedicht: Du lebst und atmest, weil das dein Sinn ist – ich meine damit, daß in der Lebendigkeit selbst der Sinn besteht; ich verweise dich damit total auf dich selbst, denn kein anderer kann für dich leben oder atmen. Suche also den Sinn nicht bei anderen, nicht in einer Freundschaft und auch nicht in der Person, die du liebst. Weder der beste Freund noch ein Geliebter kann dir dein Leben abnehmen – er kann nicht für dich atmen und kreativ sein; er lebt und atmet für sich selbst. Ihr begegnet euch immer wieder am Ende aller Euphorie des Verstehens als Fremde, und diese Fremdheit ist nichts Negatives oder Falsches, sie kann und soll durch kein Bemühen aufgehoben werden.

«Du liebst und leidest, weil das das Leben ist» heißt nicht, Liebe und Leiden wären dasselbe. Beides gehört zum Ganzen. Sowohl in der Liebe als auch im Leiden bist du allein, keiner kann dir seelische Trauer abnehmen; der schönste Trost bleibt immer nur ein Trost, ein Mitgefühl. Deshalb: Suche nie und in keiner Situation, auch nicht in der Verliebtheit, einen anderen Platz außer dir. Versuche dich also nicht, beim anderen einzunisten. Dein Platz soll bei dir bleiben, denn wo du bist, nur dort ist die Antwort für alle deine Fragen.

Wenn du heute keine Antwort findest, kann sie dir auch kein anderer geben. Öffne die Fenster und Türen deiner Seele weit, damit der Wind des Lebens einströmen kann, dann kann eine Antwort sich in dir offenbaren. Sie wird dir gegeben; es ist kein Streben danach erforderlich.

Wenn du dich verliebst, ist Liebe die Antwort und der Sinn, wenn du verlassen wirst, ist das die Antwort auf deine begehrenden Fragen nach der Zuwendung des anderen. Er läßt dich allein zurück, weil auch er niemandem gehört außer sich selbst – wie du. Sei so frei, das Jetzt zu sehen. Du mußt es mit eigenen Augen sehen und erleben; kein anderer kann es für dich tun. Er geht seinen eigenen

Weg und steht vor den gleichen Fragen. Auch du kannst ihm deine Antwort nicht suggerieren und willst es dann auch gar nicht mehr.

Warum ist Loslösung die Lösung? Führt Loslösung nicht zu Nachlässigkeit und Interesselosigkeit?

Gelöstheit ist der wunderbare Zustand der Glückseligkeit, den wir ersehnen und vom Leben erhoffen, aber doch so selten erreichen. Nicht einmal nach Gelöstheit sollte man streben, sie erwarten oder herbeiwünschen, erst dann ist aller Kampf zu Ende, auch das Streben nach seelischem Glück, dann akzeptiere ich mich, die anderen und die Umstände der Zeit, wie sie sind – ich sehe die Wirklichkeit und die Tatsachen in ihrer Tatsächlichkeit. Diese Voraussetzung muß als erstes erfüllt sein.

Und danach nichts mehr werden wollen, im Vergleich zu den anderen, keine *Ideale* erreichen, keine Hoffnung auf Überlegenheit mehr – nur wachsen, dir selbst entgegen, zum Kern deines Innersten gelangen, nach innen schauen und das Wachstum geschehen lassen, dann fallen alle oberflächlichen ehrgeizigen Pläne in sich zusammen, und du kannst in eine neue Dimension hineinreifen – du wirst, poetisch gesagt, wie ein Schirmchen der Pusteblume mit dem Wind und den Wolken ziehen. In diesem Augenblick erlebter innerer Freiheit geschieht Glückseligkeit und Verliebtheit, die durch nichts anderes erzeugt werden kann, nicht durch eine Leistung, Erfolge, Macht und Planung.

Ist Liebe nicht ein Bemühen um Übereinstimmung mit dem anderen?

Liebe ist überhaupt kein Bemühen und Streben. Die Begegnung mit einem anderen Menschen ist beglückend, wenn die Gefühle ohne Zutun des Denkens ja sagen. Aber damit gibt man sich ja meist nicht zufrieden, es wird diskutiert, Gedanken und Ideen wechseln hin und her, und man sucht «geistiges Verständnis». Aber muß man denn immer der gleichen Ansicht sein? Will man vielleicht nur recht haben? Deshalb sage ich in einem Gedicht: «Entlasse mich aus deinem Kopf und verstricke mich nicht in das Netz deiner Gedanken.»

Wenn ich einem fremden Menschen begegne, bin ich neugierig, ihn kennenzulernen, mehr über seine Meinungen und Erfahrungen von ihm zu hören. Es wird dann viel geredet, und je länger das Gespräch währt, desto deutlicher wird dies: Man sucht Nähe und Distanz, will sich abgrenzen, aber doch auch wieder eine Übereinstimmung finden. Einfache Wörter und Gedanken werden dann auf ihre Bedeutung hin untersucht.

Jedes Wort ist ein *Gefäß*, in das verschiedene Inhalte gegossen werden können, je nach den persönlichen Erfahrungen, die du gemacht hast. So ist verständlich, daß man sehr schnell aneinander vorbeireden kann. Man entfernt sich voneinander, beginnt vielleicht sogar zu streiten. Der Verstand streitet gern, er sagt «nein», wenn Zustimmung gesucht wird, und er sagt «ja», wenn Ablehnung auf dem Gesicht des Gesprächspartners zu lesen ist. Deshalb sollte man Worte nicht so wichtig nehmen; sie haben ihren Sinn, um den anderen in seiner Geisteshaltung zu sehen, aber sie sagen dennoch wenig. Ich lasse den Gesprächspartner seinen Korb Wörter und Gedanken vor mir ausschütten und suche gar nicht erst bewußt nach Widersprüchen. Ich begegne einem Menschen lieber mit kindlicher Neugier und lasse ihn gelöst sein Lied singen, in dieser einmaligen, «ganz besonderen Schönheit seiner natürlichen Wildheit», um ihn ganz erfassen zu können. Dazu gehört auch, daß er zum Beispiel widersprüchlich sagt: «Ich kenne mich nicht wirklich, aber ich weiß genau, was ich will.» Er meint damit: Ich möchte das jetzt sagen, ich singe heute dieses eine Lied, es gefällt mir so, aber nehme mich bitte nicht mit Kriterien der Logik beim Wort. Ich will mich darstellen in all meinen Widersprüchen; wenn du mich so hinnehmen kannst, ohne mit mir zu streiten, kann ich mich weiter öffnen. Akzeptiere daher meine Widersprüche, damit wir uns beide noch mehr vertiefen können und nicht im Streit um Widersprüche gegenseitig aufhalten. Diese Offenheit ist keine *unkritische* Haltung, sie ist nur ein Vorgang der Neugier und Liebe.

Ist es Egoismus, wenn ich mich so benehme, wie andere es von mir erwarten, weil ich dann gelobt werde? Oder ist es Egoismus, wenn ich mich so benehme, wie ich es für richtig halte und wie es meiner Natur entspricht, weil ich mich dann selbst loben kann und gut fühle?

Wenn du dich so verhältst, wie andere es von dir erwarten, um dafür gelobt zu werden, ist das Anpassung an das Normensystem der anderen. Dabei kannst du nicht wirklich innerlich glücklich und zufrieden werden; den einzigen Vorteil, den du daraus ziehen kannst, ist eine lobende Anerkennung. Wenn du also nach Lob jagst, ist das kein Egoismus, sondern eher Selbstverleugnung und *Entfremdung* von dir selbst. Ein Lob mag vielleicht kurz dein Ego aufwerten, die Selbstsicherheit stärken, aber du bist ein betrogener Betrüger.

Nun zur Beantwortung der zweiten Frage, die über die erste hinausweist: Es ist kein Egoismus, wenn du dich so verhältst, wie du es selbst für richtig hältst, wenn du so bist, wie du wirklich fühlst und denkst, wenn dein Verhalten mit dem Inneren übereinstimmt. Wenn ohne Zensur und dem Wunsch zu gefallen das aus dir herausströmt, was dich innerlich bewegt, ist das *Natürlichkeit* und kein Egoismus.

Kann man an seiner Liebesfähigkeit arbeiten und die Liebe als eine «Kunst» erlernen, so daß man zu einer Art Vollendung mit dem Partner kommt?

In einem Gedicht wird über das Geheimnisvolle der Liebe gesagt, daß ich die «Blüte im Abendwind, umströmt vom Kieferndult» wahrnehme. So nimmt schon das Kind seine Umwelt über die Sinne auf und lernt, sich ihr liebend zu öffnen. Liebe ist aufgeschlossene Betrachtung der Wirklichkeit, sei es eine Blüte, ein Duft oder ein Sonnenstrahl auf deinem Haar. So beginnt die «Liebesfähigkeit» in der Kindheit zu reifen, bevor die erwachende Sexualität die große Verwirrung stiftet. Deshalb die Zeilen: «Die Liebe wird weit, entfernt sich von Ideen, fließt in das Wirkliche.» Die Liebe orientiert sich an der *Wirklichkeit*. Dort ist sie zu Hause, nicht im Gefängnis der Ideen, Gedanken, Phantasien, Träume, Ideale oder Moralsysteme. Die Liebe ist vital, sie läßt sich nicht durch den Verstand bändigen, sie ist dem Willen nicht untertan und läßt sich nichts befehlen.

Sie verhält sich aus der Sicht des *logischen* Verstandes «beliebig». Deshalb schreibe ich: «Geschieht sie täglich neu und läßt sich nicht in romantischen Kammern auf eine Nadel spießen.» Auch wenn wir uns noch so sehr bemühen, für die Entfaltung der Liebe ein schönes, sauberes, repräsentatives oder gemütliches *Heim* zu schaffen, sie läßt sich dort nicht einsperren; sie ist «wie ein flimmernder Falter, der sich auf dieser Blüte entfaltet und an jener vorbeischwebt; sie tanzt im Wind, schwankt auf den Wellen, ohne Ziel und Plan» – denn Liebe ist seelische Freiheit, und sie kann sich nur unter den Voraussetzungen von Freiheit ergeben. Deshalb schreibe ich in dem Gedicht ‹*Apfelblüte*›: «Liebe ist Offenheit, Verströmen deiner Energie, will geben ohne Gedanken.» Sie ist nicht nur *beliebig*, sondern auch *bedenkenlos*. Diese beiden Wörter sind jedem Moralisten natürlich besonders verhaßt, denn im konservativen System von der idealen Liebe gilt das Gegenteil: Entschiedene Treue und Verantwortungsbewußtsein – beides soll die Liebe konservieren. Das ist sicher ehrenwert und tugendsam gedacht, es ist die Lebensphilosophie der Sicherheit. Die Seele aber reagiert anders: Sie richtet sich nicht nach den Wünschen des Verstandes und seiner Systeme, sondern entfaltet ihr eigenes *Gefühlsleben*. Gefühl und Verstand geraten in Widerstreit, das große Drama der menschlichen Existenz beginnt – wenn man glaubt, dem Verstand folgen zu müssen und den Gefühlen zu mißtrauen.

«Ich kann dich nur so lieben, solange ich frei bin, ich schenke dir dann meine Seele» – weil sie mir nicht gehört, kannst du sie auch nicht besitzen; es ist deshalb ein besonderes Geschenk, das deine Gefühle berührt. Der Verstand erzeugt vielleicht Traurigkeit, eine andere Person mit ihren Gefühlen nicht festhalten zu können, denn dann würde keine Freiheit mehr bestehen, und die Zartheit und Lebendigkeit wären zerstört. In einem anderen Gedicht sage ich: «Treulose Liebe, dir bin ich treu.» *Lebendigkeit*, die nicht konserviert werden kann, *ist* treulos, grenzenlos, ist Sterben und Aufleben und erneutes Sterben und Erwachen.

Das Wort «Verliebtheit» ist uns allen vertraut, das Wort «Entliebtheit» dagegen zählt nicht zum üblichen Sprachgebrauch. Aber in jeder Liebesbeziehung kommt die Stunde, in der die Liebe sich verflüchtigt: «Die magischen Flammen der Fremdheit sind in dir erloschen.» Kein Grund zur Trauer, wenn man das *Phänomen Liebe* von Grund auf verstanden hat, denn «neu zu beginnen, von Stunde zu Stunde», diese letzte Zeile des letzten Gedichts führt uns zum Anfang zurück, zur Blüte im Abendwind, umströmt vom Kieferndufт, im Rhythmus der Strömung des Lebens.

Sind deine Gedanken über die Liebe ein theoretisches Ideal, also eine Utopie?

Es ist unvermeidlich, daß ich mit dem Gebrauch von Worten an die intellektuellen Fähigkeiten des Verstandes appelliere. Insofern ist Geschriebenes etwas Theoretisches und nichts direkt konkret Praktisches. Es ist doch aber klar: Worte sind nicht die Realität, das Wort «Nahrung» zum Beispiel ist nichts Eßbares für einen, der Hunger hat. Nichts ist aber dennoch praktischer als eine gute Theorie! Wer zum Beispiel eine Brücke über einen Fluß bauen will, benötigt zunächst Theorien, wie er die Brücke mit vorhandenen Materialien so bauen kann, daß sie hält und nicht beim Betreten in sich zusammenstürzt. Je mehr Theorie ich über den Brückenbau im Kopf habe, um so besser kann ich anschließend die Brücke bauen, um wohlbehalten über den Fluß zu gelangen.

Warum gehe ich zum Arzt und lasse mich über die Heilung einer Krankheit beraten? Weil ich erwarte, daß er die Theorien über Krankheiten kennt und daraus für mich konkret realisierbare Ratschläge ableiten kann. Und wenn ich ein flugtüchtiges Segelflugzeug bauen will, sollte ich mich zunächst mit Theorien über die Flugtechnik vertraut machen. Diese Theorien erweisen sich dann später als äußerst praktisch, konkret und real.

Ich meine, die Gedanken über die Liebe seien in die Praxis schwer umsetzbare Ideen, also schwer realisierbare Utopien.

Viele große Leistungen der Menschheit entstanden auf Grund einer Utopie; wir sollten über «Utopien» also nicht die Nase rümpfen. Wenn Utopien auftauchen, ist das ein Zeichen für das Bedürfnis nach einer Problemlösung. Mit dem Wort Utopie verbinden viele den Begriff «Ideal»; sie meinen, ein Ideal könne man zwar anstreben, aber es sei ja letztlich doch nicht erreichbar. Was für den einen ein utopisches Ideal ist, liegt für den anderen aber im Bereich des Erreichbaren – oder ist für ihn gar Alltag. Wir sollten also im psychischen Bereich vorsichtig damit sein, etwas als ein «Ideal» weit von uns zu schieben, wenn es uns persönlich nur schwer lebbar erscheint. Es ist doch keine bloße Idee, sich mit Sensitivität in die Welt verlieben zu können, was jedem Kind in seiner Unbefangenheit und Unverbildetheit etwas Selbstverständliches ist. Manche Leser erfühlen hinter meinen Gedanken über die Liebe Erlebnisse, die sie schon einmal in der Kindheit hatten, die aber verschüttet wurden, verlorengingen oder verdrängt wurden, aus Angst, Sicherheitsstreben und Anpassung. Ich möchte damit sagen: Was manchem im Moment als Ideal erscheint, war schon einmal Wirklichkeit. Ich entwickle keine Utopien, Ideale oder Träume, ich orientiere mich an der Wirklichkeit und Lebenserfahrung.

Ich weiß natürlich, daß die Realität des Alltags oft tatsäch-

lich so ganz anders aussieht, als ich das Lebensglück beschreibe. Wirklichkeit sind zum Beispiel Intrige, Bosheit, Unterdrückung, Angst, Eifersucht, Verdrängung, Egoismus, Ungerechtigkeit, Spannung, Anpassung und Unfreiheit. Ich will das alles nicht durch ein Ideal *wegwischen*, im Gegenteil, ich widme umfangreiche (manchem wiederum zu große) Teile diesen Symptomschilderungen. Wäre diese «häßliche Wirklichkeit» nicht existent, bestünde ja keine Veranlassung für meine Arbeit. Nur auf dem Hintergrund der leider so traurigen Verhältnisse des Alltags kann ich das Bild einer gesunden Seinsweise aufzeigen – das ist keine theoretische Idee, kein Traum, sondern *die andere Wirklichkeit*. Wenn der Mediziner von Gesundheit auf dem Hintergrund von Krankheit spricht, kann man ja auch nicht argumentieren, Gesundheit wäre eine Utopie.
Ich möchte Mut machen für ein Leben in Freiheit, Liebe, Selbstentfaltung und Lebensglück, für etwas, worauf jeder Mensch ein natürliches Recht hat.

Handelt es sich vielleicht bei vielen Menschen um eine Selbstentschuldigung, wenn es um Ideale, Träume oder Utopien geht? Oft heißt es ja: Ich kann die ja doch nicht erreichen und getrost so weitermachen wie bisher!

Ich will niemanden beeinflussen und bedrängen, sein persönliches Lebensglück zu finden. Wer es finden will, versteht mich schon richtig; es geht mir um mehr Licht in der Dunkelheit, ich freue mich, wenn ich etwas erhellen kann. Jeder kann sich von dieser Energie das nehmen, was er im Augenblick seines gegenwärtigen Lebens für sich selbst gebrauchen kann. Ich will niemanden «überreden», das wäre außerdem vergeblich. Viele können von dieser Energie etwas gebrauchen, deshalb greifen sie zu einem Buch.

Es geht nicht um Erbauung oder eine Art Unterhaltung; Selbstentfaltung ist ein Finden, eine Erhellung der eigenen Situation, Liebe ist nichts Unterhaltendes, Ablenkendes oder eine Flucht vor dem Alltag, sie *ist* seelische Gesundheit.

Wenn ich dich richtig verstanden habe, ist Liebe nur in Freiheit möglich, in Gefangenschaft stirbt sie. Wie kann man in diese Freiheit gelangen?

Sobald Verstand und Wille sich einmischen, stirbt sie. Du kannst dir nicht *vornehmen*, jemanden zu lieben – Liebe und Pflicht passen nicht zusammen. Liebe ist ein Gefühl, das aus der Freiheit heraus entsteht und deshalb unerwartet kommt und geht – sie überrascht dich. So ungesteuert, wie sie gekommen ist, geht sie wieder. Liebe ist nur in Freiheit der Seele und des Geistes möglich, sie kann nicht konserviert (nicht zum Besitz gemacht) werden; sie ist ein Geschenk des Lebens an dich, es gibt kein Abonnement darauf. Ein freier Mensch ist für die Liebe aufgeschlossen, sie begegnet ihm deshalb überall; wenn er nichts festhalten will, begegnet sie ihm leicht.

Die Frage lautet: Wie kann man in diese Freiheit gelangen? Willst du wirklich in diese Freiheit hineingehen? Die meisten Menschen haben Angst davor, deshalb klammern sie sich stets an alle möglichen Sicherheiten – Freiheit aber heißt, sich von Sicherheit zu verabschieden. In alles Neue mit großer Neugier hineinzugehen ist ein Verhalten, das dem Menschen sehr gemäß ist. Er ist das neugierigste Lebewesen dieser Erde; frei sein ist seine natürliche Bestimmung. Wenn er frei ist, fühlt er sich wohl und glücklich. In jedem Moment kannst du in diese Freiheit gelangen, du mußt nur aus dem Schneckenhaus aller Sicherheiten her-

austreten, mit offenen Sinnen dem Augenblick begegnen, dann geschieht die Liebe zu allem, was in dich einströmt. Dieser Schritt ist sehr klein, wenn du die Widerstände der Angst in dir fühlst und überschreitest.
Freiheit ist entscheidend, sie steht als psychisches Prinzip über allem, denn erst die Freiheit macht Liebe wirklich schön, rund und tief. Dies ist fast unmöglich mit Worten auszudrücken.

Läßt sich diese idealistische Theorie verwirklichen, oder ist sie nur ein schöner Traum vom Paradies?

Es handelt sich nicht um eine idealistische Theorie, sondern um eine Tatsache. Traum ist das alles nur für einen Träumer, der von der Möglichkeit der Freiheit träumt, weil er sich nicht traut. Was dir als «schöner Traum» erscheint, kann Wirklichkeit werden, wenn du so lebst, wie ich es umschrieben habe. Von den Worten weg ins lebendige Erleben hineingehen, das ist die Verwirklichung, dann wird der «Traum» real, dann geschieht die Verliebtheit als eine Tatsache. Eigenartig, die Menschen reden lieber über die «Möglichkeiten», als die Realität der Freiheit lebendig zu erfahren.

Wenn ich mich ändere, ändert sich meine Umwelt (also die Mitmenschen) noch lange nicht. Stehe ich dann nicht ganz schön einsam und verlassen da?

Natürlich stehst du allein, aber nicht verlassen da. Das ist genau der Punkt; du suchst zwar Freiheit, aber willst vermeiden, das alleine für dich selbst total zu verantworten. Es geht aber nicht anders, als losgelöst von allen anderen dein eigenes Leben in Freiheit leben zu können. Freiheit ist Loslösung, und das ist die Lösung aller psychischen Probleme. Freiheit ist ganz sich selbst sein, das eigene Leben

leben – dann wird Liebe zu den Dingen um dich herum als tiefe Lebenserfahrung möglich. Die andere Art Liebe, von der die meisten Menschen sprechen, ist Beziehungsstrategie; es geht um Vorteile und rationale Überlegungen, um Geben und Nehmen, um Erwartungen und Geschäfte, strategisches Denken. Aber das alles ist nicht die Liebe, nach der sich die Menschen sehnen.

Diese Liebe ist kein unrealisierbarer Traum, sie ist Wirklichkeit für denjenigen, der bereit ist, sich an sich selbst zu orientieren. Du mußt in dein Alleinsein ganz hineingehen, um aus dieser Erfahrung heraus den anderen in seinem Alleinsein liebend erfassen zu können. Das alles hat wenig mit Sexualität zu tun; Sexualität ist etwas sehr Oberflächliches, die Liebe geht viel tiefer. Und diese Tiefe macht dann die Sexualität erst schön. Oberflächliche Sexualität dagegen macht dich einsam. In dem Moment, in dem du nicht darauf gefaßt bist, ist das dann sehr schmerzlich und verwirrend.

Wie wichtig sind die Mitmenschen für meine Entfaltung? Ich will ein soziales Wesen sein, treffe aber nur auf Probleme mit meiner Liebe. Wie kann ich Kontakte haben, ohne Konflikte zu erzeugen?

Diese Frage beinhaltet drei verschiedene Fragen. Die erste enthält das allgemeine Vorurteil, Mitmenschen wären für die persönliche Entfaltung sehr wichtig; das stimmt aber so nicht. Die Entfaltung muß aus dir kommen, sie darf nicht von Wünschen oder Erwartungen der anderen beeinflußt sein, sie soll allein deine Entfaltung sein, sie kann ja nur aus deiner Tiefe kommen. Also, die Mitmenschen sind für deine Selbstentfaltung nicht so wichtig, sie sind Zuschauer, die ihre subjektive Meinung dazu abgeben – das ist alles.

Du willst ein soziales Wesen sein, aber du kannst auch nicht die Wünsche der anderen erfüllen, du bist so, wie du bist, und deine Liebe hat ihre Berechtigung. Wo gibt es da Probleme? Wer hätte sich je über tiefe Liebe geärgert? Zum Ärgernis wird es doch nur dann, wenn du aus deiner Liebe Ansprüche an andere ableitest, zum Beispiel wiedergeliebt zu werden, also irgendwelche Gegenleistungen zu erhalten. Aber: Liebe ist frei! Wie kann sie da etwas fordern wollen?

Das Problem liegt bei dir, nicht bei den anderen, die sich freuen, aber keine weiteren Verbindlichkeiten eingehen wollen. Laß doch den anderen ihre Freiheit, ihre wechselnden Gefühle. Dann kannst du Kontakte haben, ohne irgendwelche Konflikte zu erzeugen.

Kontakt erzeugt nur Probleme, wenn der andere Mensch nicht in seiner Freiheit gelassen wird. Deshalb sage ich: Freiheit steht noch über der Liebe, sie ist das Zentralste. Liebe ohne Bewußtsein der Freiheit ist nicht viel wert; erst die Freiheit gibt den Liebesgefühlen positive Energie. In Freiheit fühlen und frei empfangen, das ist kein idealistischer Traum.

Welchen Stellenwert besitzt die Zärtlichkeit in diesem System?

Es ist kein System, keine Konstruktion und keine «Lebenskunstmaxime». Zärtlichkeit ist so selbstverständlich wie das Ein- und Ausatmen. Liebe ist Zärtlichkeit für die Umwelt, für Pflanzen, Tiere, Menschen und Sinneseindrücke. Liebe braucht Freiheit als eine Art Sauerstoff, um leben zu können. Liebe atmet achtsam Eindrücke ein, und sie atmet Zärtlichkeit aus.

An diesem Schreibtisch wurden die Gedichte geschrieben

mit Blick auf dieses Fenster

Nachwort

Viele starren wie gebannt nur auf den anderen Menschen, sie sind zwanghaft darauf fixiert, als ob es nur hetero- oder homoerotische Liebe in ihrem Leben gäbe. Wenn ich von Liebe spreche, meine ich die Liebe zur und von der gesamten Natur. Wir bekommen täglich Liebe von der Sonne, von den Pflanzen, von den Tieren – viele sind seelisch stumpf gegenüber dieser Energie. Du wirst geliebt in einem Strom dieser Energie – wie kannst du da jemals einsam sein oder gar isoliert?

Peter Lauster

Lassen Sie der Seele Flügel wachsen
Wege aus der Lebensangst
(7361)

Die Liebe
Psychologie eines Phänomens
(7677)

Lebenskunst
Wege zur inneren Freiheit
(7860)

Wege zur Gelassenheit
Souveränität durch innere Unabhängigkeit
und Kraft (7961)

Liebesgefühle
Texte und Bilder
(8365)

Die sieben Irrtümer der Männer
(8499)

SACHBUCH rororo

C 2128/4

Liebe, Lust und Leidenschaft

George R. Bach/Ronald M. Deutsch
Pairing
Intimität und Offenheit in der Partner-Partnerschaft
rororo sachbuch 7263

Nathaniel Branden
Liebe für ein ganzes Leben
Psychologie der Zärtlichkeit
rororo sachbuch 7867

Carol Cassell
Die Sehnsucht nach dem siebten Himmel
Frauen zwischen Liebe und Sexualität
rororo sachbuch 7997

Elisabeth Flitner/Renate Valtin (Herausgeber)
Dritte im Bund: die Geliebte
Über das Leben im Beziehungsdreieck
rororo sachbuch 8432

Peter Kutter
Leidenschaften
Eine Psychoanalyse der Gefühle
rororo sachbuch 8485

Peter Lauster
Die Liebe
Psychologie eines Phänomens
rororo sachbuch 7677

John Selby
Einander finden
Übungen zur Psychologie der Begegnung in Freundschaft, Beruf und Liebe
rororo sachbuch 7991

SACHBUCH rororo

C 2335/2

Körpererfahrung

Nathaniel Branden
Ich liebe mich auch
Selbstvertrauen lernen (8486)

Muriel James/Dorothy Jongeward
Spontan leben
Übungen zur Selbstverwirklichung (8301)

Frédérick Leboyer
Weg des Lichts
Yoga für Schwangere – Texte und Übungen (7855)

Alexander Lowen
Der Verrat am Körper
Der bioenergetische Weg, die verlorene Harmonie von Körper und Psyche wiederzugewinnen (7660)

Else Müller
Hilfe gegen Schulstreß
Übungsanleitungen zu Autogenem Training, Atemgymnastik und Meditation für Kinder und Jugendliche (7877)
Bewußter Leben durch Autogenes Training und richtiges Atmen
Übungsanleitungen zu AT, Atemtraining und meditative Übungen durch gelenkte Phantasien (7753)

Deenbandhu Yogi (Detlef Uhle)
Das rororo Yoga-Buch für Anfänger (7891)
Das rororo Yoga-Buch für Fortgeschrittene (7887)

Martin Siems
Dein Körper weiß die Antwort
Focusing als Methode der Selbsterfahrung (7968)

sachbuch rororo

C 2163/5